D0778609

Gato ragdoll

Grace Hansen

Abdo
GATOS
Kids

abdopublishing.com

Published by Abdo Kids, a division of ABDO, P.O. Box 398166, Minneapolis, Minnesota 55439.

Copyright © 2018 by Abdo Consulting Group, Inc. International copyrights reserved in all countries. No part of this book may be reproduced in any form without written permission from the publisher.

Printed in the United States of America, North Mankato, Minnesota.

052017

092017

THIS BOOK CONTAINS
RECYCLED MATERIALS

Spanish Translator: Maria Puchol

Photo Credits: Alamy, Animal Photography, iStock, Shutterstock, Thinkstock

Production Contributors: Teddy Borth, Jennie Forsberg, Grace Hansen

Design Contributors: Dorothy Toth, Laura Mitchell

Publisher's Cataloging in Publication Data

Names: Hansen, Grace, author.

Title: Gato ragdoll / by Grace Hansen.

Other titles: Ragdoll cats

Description: Minneapolis, Minnesota : Abdo Kids, 2018. | Series: Gatos |
    Includes bibliographical references and index.

Identifiers: LCCN 2016963235 | ISBN 9781532101977 (lib. bdg.) |
    ISBN 9781532102776 (ebook)

Subjects: LCSH: Ragdoll cats--Juvenile literature. | Spanish language
    materials--Juvenile literature.

Classification: DDC 636.8/3--dc23

LC record available at http://lccn.loc.gov/2016963235

Contenido

Los gatos ragdoll

Estos gatos se quedan **flácidos** como si fueran muñecas de trapo, cuando los cargas. De ahí viene su nombre en inglés. No sorprende, ya que los ragdoll son gatos **tranquilos**.

4

Los gatos ragdoll son gatos grandes. La mayoría pesa entre 10 y 15 libras (de 4.5 a 6.8 kg). ¡Algunos pueden llegar a pesar 20 libras o más (9.1 kg)! Su pelo esponjoso les hace parecer más grandes.

6

Los gatos ragdoll pueden tener muchas combinaciones de colores y **diseños**. Todos tienen marcas en la cara, en las patas y en la cola.

9

Estos gatos tienen la cola peluda. Su pelo es más largo en el cuello y en los **cuartos traseros**.

Los gatos ragdoll tienen los ojos de color azul brillante. Sus orejas son pequeñas y puntiagudas.

Cuidados

A los gatos ragoll se les cae
el pelo, ¡aunque no mucho!
Cepillarles el pelo tres veces a
la semana es bueno. ¡Esto hace
que su pelo esté saludable!

14

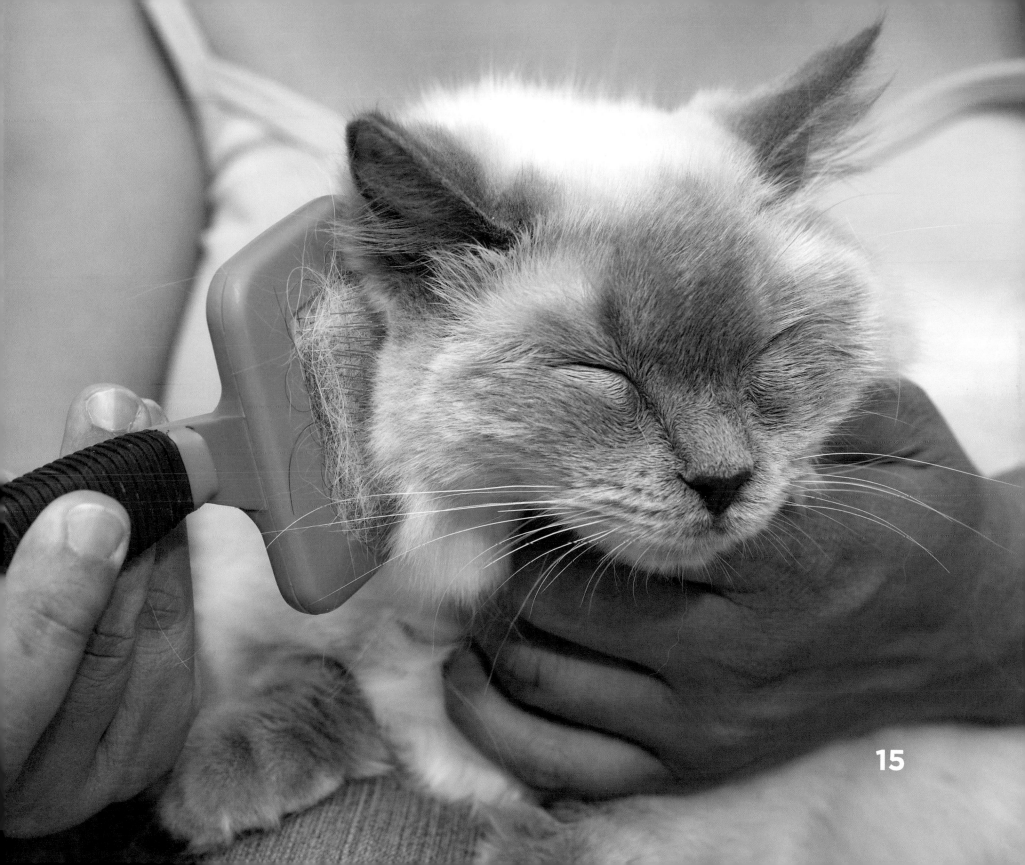

Personalidad y actividades

Los ragdoll son gatos nobles y buenos. Su naturaleza **tranquila** los hace perfectos para los niños.

16

Cuando no están acurrucados descansando, les gusta estar jugando. ¡A muchos les gusta jugar a buscar cosas!

A los gatos ragdoll les encanta la gente. También pueden vivir fácilmente con otros animales. ¡Es fácil enamorarse de estos gatos!

Más datos

- Los ragdoll nacen siendo completamente blancos.
  El color de su pelo les cambia cuando han pasado
  entre 8 y 12 semanas.

- Son gatos adultos a los tres años.

- Estos gatos son muy **cariñosos** y les encanta que los
  carguen, a diferencia del resto de razas de gatos.

22

Glosario

cariño – sentimiento de afecto o agrado.

cuartos traseros – parte trasera de un animal.

diseño – dibujo repetido.

flácido – que no es firme ni duro.

tranquilo – que no muestra ni siente nerviosismo, ni enojo u otras emociones.

Índice

abdokids.com

¡Usa este código para entrar en abdokids.com y tener acceso a juegos, arte, videos y mucho más!

Código Abdo Kids:
CRK9213